www.ingramcontent.com/pod-product-compliance
Lightning Source LLC
Chambersburg PA
CBHW080741180726
48003CB00023B/3291

صانع الأحلام

وفراشة الغابة الغريبة

إعداد: د. طارق البكري

رسوم: إيـــاد عيســـاوي

الطبعة الثانية
2012

صَانِعُ الأحْلامِ وفَراشَةُ الغَابَةِ الغَرِيبَةِ

تَعِيشُ رِيم في بَيْتٍ جَمِيلٍ، تُحِيطُهُ الأشْجَارُ العاليةُ المُثْمِرَةُ، وَحَدِيقَةٌ جَميلةٌ مَزْرُوعَةٌ بالزُّهُورِ والنَّباتات المُتَنَوِّعَةِ، وفي زوايا الحَدِيقَةِ تَنْتَشِرُ الألْعَابُ المُسَلِّيَةُ..

وفي بَيْتِ ريم ألعابٌ مِنْ شَتَّى الأحْجَامِ والأشْكَالِ..

سَيَّاراتٌ.. طائراتٌ.. عَرائِسُ تَمْشي وتَرْقُصُ وتُغَنِّي.. وألعابُ كومبيوتر، وغيرُها كثيرٌ..

ريم تَعِيشُ مَعَ أُسْرَتها المُكَوَّنَةِ مِنْ أَبٍ وأُمٍّ وثَلاثةِ أَشِقَّاءَ، تذهبُ لمَدْرَسَتِها كُلَّ صباحٍ.. وتعودُ عَصْرًا لتَدْرُسَ وتَلْعَبَ وتَقْضِي بقيَّةَ يَوْمِها مَعَ أُسْرَتِها الصَّغيرَةِ..

مُدَرِّسَاتُ ريم يُحْبِبْنَها لأنَّها مجتهدةٌ ومُتَفَوِّقَةٌ

فضلاً عن كونها مُهَذَّبَةً..

❋ ❋ ❋

في أَحَدِ الأَيَّام طَلَبَتْ إحْدى المُدَرِّسَاتِ مِنْ طالباتِ الفَصْل أن تتحدَّثَ كُلٌّ واحدةٍ منهنَّ عن أَحْلامها..

فَرِحَتِ الطالباتُ وبدأتْ كُلٌّ واحدةٍ تَتَحَدَّثُ عَنْ أَحْلامها:

سُعَادُ حلمتْ بصُعُودِ القَمَرِ.. وتَرَى نَفْسَهَا تطيرُ في الهواء تَنْتَقِلُ مِنْ نَجْمَةٍ إلى نَجْمَة..

نُورا حلمتْ بأنها أصبحتْ كَبِيرةً.. صارت أُمّاً وجَدَّةً وعندها أولادٌ وبَنَاتٌ وأحْفَادٌ..

نِسْرِينُ قالت: إنَّها تَحْلُمُ بالسَّفَرِ مِنْ دَوْلَةٍ إلى دَوْلَة، وإنَّها زارت في مَنامِها مَكَّةَ والمَدِينَةَ، والقاهرة والإسْكَنْدَرِيَّة، ودِمَشْقَ وبَيْرُوتَ..

مُنَى تَحْلُمُ بأنها غَنِيَّةٌ غَنِيَّةٌ.. تعيشُ في القُصُور ولديها سياراتٌ كبيرةٌ وتَمْلِكُ مجوهراتٍ وأمْوالاً لا تُحْصَى ولا تُعَدُّ..

نُهَى قالت: إنَّ أحْلامَها صغيرةٌ.. تَحْلُمُ بأنْ تُصْبِحَ مُدَرِّسَةً تُعَلِّمُ الصِّغَارَ..

ومَضَتِ الطالباتُ في أحْلامِهِنَّ.. حتى وَصَلَ دَوْرُ ريم لتَتَحَدَّثَ..

* * *

تُرى.. بماذا تَحْلُمُ ريم؟!

وقفتْ ريم صامتةً لا تتكلَّمُ.. تَنْظُرُ إلى سَقْفِ الغُرْفَةِ حينًا، وإلى الأرْض حينًا آخَرَ.

قالت المدرِّسةُ: هَيَّا يا رِيمُ.. أخْبِرِينا بماذا تَحْلُمِينَ؟

احْمَرَّ وَجْهُ ريم خَجَلاً..

قالتْ: لا أعْلَمُ.. أنا.. أنا.. في الحقيقةِ لا أعلمُ ما هي الأحْلامُ؟!

تَفَاجَأَتِ المُدَرِّسَةُ: ماذا..؟ معقولٌ!! لا تَعْرِفين الأحلامَ؟! أَنْتِ تَمْزَحِينَ.. جميعُ الطالباتِ صِرْنَ يَضْحَكْنَ بسُخْرِيَةٍ..

عَجِيبٌ.. إنسانٌ لا يَحْلُمُ ولا يَعْرِفُ ما هي الأحْلام؟

قالتْ ذلك المُدَرِّسَةُ باسْتِغْرابٍ.. عادتْ ريم حَزِينَةً.. رَأَتْها أُمُّها.. شَعَرَتْ بحُزْنِها.. سألَتْها:

ما بكِ يا ابْنتي الحَبِيبَةَ؟!

أَخْبَرَتْها ريم بما حَدَثَ..

الأُمُّ بَدَتْ هي أيضًا مُتَعَجِّبَةً.. قالتْ: لا تَقْلَقِي يا

حُلْوَتي الصَّغِيرَةَ.. سَنَجِدُ لمُشْكِلَتِكِ حَلًّا..

في المَسَاءِ.. ذهبتْ ريم بصُحْبَةِ أُمِّها إلى طَبيبٍ مَشْهُورٍ يُدْعَى «صَانِعَ الأحْلام» حَكَتْ ريم للطَّبِيب قِصَّتَها.. وبَدَتْ طِوَالَ الوَقْتِ حَزِينَةً..

قال الطَّبيبُ بمَرَح: لا تَحْزَني يا ابْنتي.. مُشْكِلَتُكِ بسيطةٌ..

قَامَ الطبيبُ وأَحْضَرَ أَدْوِيَتَهُ السِّحْرِيَّةَ الغَرِيبَةَ.. وَوَضَعَ بِضْعَ نُقَاطٍ مِنْ أنابيبَ مُتَعَدِّدَةٍ في أُنْبُوبَةٍ واحدةٍ.

الطبيب
صانع الأحلام
أخصائي في معالجة الأحلام و تجميلها

أَغْلَقَ الطبيبُ الأُنْبُوبَةَ بإحْكَامٍ وأعْطاها لريم ثم قَالَ لها:

ضَعي ثلاثَ نُقَاطٍ من هذ السَّائِلِ في عَينِكِ اليُمْنَى، وثَلاثَ نُقاطٍ أُخْرَياتٍ في عَيْنِكِ اليُسْرَى ثم نامي على الفَوْرِ.. وسوف تَحْلُمِينَ طِوَالَ اللَّيْلِ.. وفي الصَّباحِ سأنتظركِ لتُخْبِريني عن أحْلامكِ الجميلةِ..

وفي اليَوْمِ التَّالي رَنَّ هاتفُ الطَّبيبِ صَانِعِ الأحْلامِ، وكانت ريم هي المُتَّصِلَةَ.. أَخْبَرَتْهُ أنها لم تَحْلُمْ ولم تَشْعُرْ بأيِّ تَغْيِيرٍ.. فَكَّرَ الطبيبُ قليلاً ثم قال: ضَعِي أَرْبَعَ نُقاطٍ.. أيْ نُقْطَةً إضَافِيَّةً..

في اليَوْم الثَّالثِ اتَّصَلَتْ ريم وقالت له: إنَّها لم تَحْلُمْ أيضًا..

وتَكَرَّرَ ذلك عِدَّةَ أيَّامٍ حتى وَصَلَ عَدَدُ النّقاطِ إلى عَشْرٍ.. قَرَّرَ الطبيبُ وَقْفَ الدَّوَاءِ.. مُعْتَقِدًا أنَّ الدَّوَاءَ غَيْرُ مُفِيدٍ، لكنَّه أعَادَ الخَلْطَةَ السِّحْرِيَّةَ ولم تَنْفَعْ..

اسْتَغْرَبَ الطبيبُ وقال في نَفْسِهِ: مُشْكِلَةُ ريم تَبْدُو غَرِيبَةً، ولنْ أَسْتَطِيعَ حَلَّها دون أن أَكْتَشِفَ سَبَبَها بنفسي..

ذَهَبَ الطبيبُ إلى بَيْتِ ريم، فاسْتَقْبَلَتْهُ الأُسْرَةُ جَمِيعُها.. طلبَ الطبيبُ مِنْ والدِ ريم أَنْ يَسْمَحَ له بدُخُولِ غُرْفَةِ ابْنَتِهِ والتَّجوُّلِ في أَنْحاء المنزلِ..

رَأى الطبيبُ في المَنْزِلِ كُلَّ وَسَائِلِ العَيْشِ المُريحِ، والكَثيرَ مِنَ الأَلْعابِ الجميلةِ المُتَنَوِّعَةِ..

فَتَحَ خِزَانَةَ ريم فوَجَدَ ثيابًا غاليةَ الثَّمَنِ.. رَائِعَةَ التَّصامِيمِ.. وَرَأى الجُدْرَانَ المُزَيَّنَةَ بالصُّوَرِ المتنوِّعَةِ.. وفي كُلِّ زاويةٍ مِنْ غُرْفتها ألعابٌ مُتَراكِمَةٌ.

أَحَسَّ الطبيبُ الذي يصنعُ الأحْلامَ بأنَّ ريم لديها كُلُّ ما تُرِيدُهُ.. وهي تحصلُ على كُلِّ الأشْيَاءِ الجَمِيلَةِ الرائعةِ دون أنْ تَطْلُبَها.. وَحَتَّى دُونَ أنْ تَحْلُمَ بها.

فَكَّرَ الطَّبِيبُ..

أيْنَ المشكلةُ إذَنْ..

لا بُدَّ مِنْ مُشْكِلَةٍ..

فَجْأَةً قفزَ الطَّبيبُ صائحًا: وَجَدْتُها.. وَجَدْتُها..

قَالَ لريم: غدًا.. غدًا يا ابْنَتِي سأعُودُ، ومعي دَوَاؤُكِ الشَّافي..

فَرِحَتْ ريم.. ولم تَسْتَطِعِ النَّوْمَ بسُهُولَةٍ..

في صَباحِ اليَوْمِ التَّالي.. جاءَ صَانِعُ الأحْلامِ بوَقْتٍ مُبَكِّرٍ يَحْمِلُ حَقِيبَةً كبيرةً..

لكن ريم شَعَرَتْ بالخَيْبَةِ.. ظَنَّتْ أَنَّ الطَّبيبَ أَحْضَرَ بها ألعابًا جَدِيدَةً.. فهي لا تُرِيدُ أَلْعابًا.. بل تريد أحْلامًا..

لم يَنْتَظِرْ بَائِعُ الأحْلام لحظةً ليَشْرَحَ.. وَضَعَ الحقيبةَ على الأرْضِ في بَهْوِ الاسْتِقْبَالِ.. فَتَحَ الحَقِيبَةَ.. كانت مَلأَى بالقِصَصِ الجَمِيلَةِ السَّاحِرَةِ.. وكانت شَخْصِيَّاتُ القِصَصِ تَحْكِي وتَتَحَاوَرُ..

أُصِيبَتْ ريم بالدَّهْشَةِ..

«نَعَمْ.. نعَمْ.. هذا ما أَفْتَقِدُهُ..» صَاحَتْ ريم:

«ما أَرْوَعَكَ يا صَانِعَ الأحْلام»..

قال لها: لَدَيْكِ كُلُّ الأشْيَاء الجَمِيلةِ، لكنَّك لا تَمْلُكِينَ مَكْتَبَةً.. هذه قصصٌ رائعةٌ.. اقْرَئِي كُلَّ يومٍ قصَّةً واحْلُمِي كما تشائين..

❀ ❀ ❀

في اليَوْم التَّالي.. هُرِعَتْ ريم إلى مَدْرَسَتِها وقبل أنْ تَتَكلَّم بكلمةٍ قالتْ والسعادةُ تَغْمُرُها:

آنـــســتـــي..

آنستي.. أريدُ إخْبَارَكِ

عن حُلُمٍ جَمِيلٍ رأيتُهُ

اللَّيْلَةَ الماضيةَ..

قامتْ ريم وحكَتْ لمُدرِّسَتِها عن أحْلام كثيرةٍ شَاهَدَتْهَا.. رَوَتْ لها أنَّها حلمتْ بأمير يَعِيشُ في مملكةٍ بعيدةٍ، وكان أَبُوهُ المَلِكُ يَعِدُهُ بتوَلِّي العَرْشِ مِنْ بَعْدِه، وكان يُدَرِّبُهُ تحديدًا على حَمْلِ السُّيُوفِ، وقَتْلِ النَّاس وظُلْمِ الرَّعِيَّةِ بلا سَبَبٍ، وكان الأميرُ حزينًا لما يَفْعَلُهُ المَلِكُ بالشَّعْبِ، فقرَّرَ الهَرَبَ وتَغْيير شَكْلِهِ ومَلابِسِهِ والعَيْش كواحِدٍ مِنَ النَّاس..

وهُنا يَتَعَرَّفُ الأميرُ على فتاةٍ جميلةٍ فقيرةٍ ويَتَزَوَّجُها ويَعِيشُ بسعادةٍ، بينما أبوه الملكُ يعيشُ في حُزْنٍ على فَقْدِ ابْنِهِ الوحيد وَوَرِيثِهِ المُرْتَقَبِ، ويعيشُ أيضًا في رُعْبٍ وخَوْفٍ مِنَ الشَّعْبِ المَظْلُوم.

***

ورَاحَتْ ريم تُحَدِّثُ مُدَرِّسَتَها وصَدِيقَاتِها في المَدْرَسَة عن الأَحْلام الكثيرةِ الَّتي تراها يومًا بَعْدَ يَوْمٍ.. وكانت مُدَرِّسَاتُها وصَدِيقَاتُها مُسْتَغْرِبَاتٍ.. لكنهنَّ كُنَّ سَعِيدَاتٍ بالأَحْلام القَصَصِيَّةِ التي تَرْوِيها لَهُنَّ كُلَّ يَوْمٍ..

❋ ❋ ❋

وفي أَحَدِ الأيَّام، جَلَسَتْ ريم في غُرْفَتِها بين تِلالٍ مِنَ القِصَصِ الجميلةِ، وَوَقَعَتْ عيناها وهي تبحثُ بين الكُتُبِ على قِصَّةٍ كبيرةٍ ضَخْمَةٍ لم تُشَاهِدْها مِنْ قَبْلُ، بالرّغْمِ من حَجْمِهَا الكبيرِ، أَبْعَدَتِ الكُتُبَ مِنْ فَوْقِهَا.. وعندما أرادتْ حَمْلَها شَعَرَتْ بثِقْلِ القِصَّةِ، فتَرَكَتْهَا على الأَرْضِ وقَرَأَتْ عُنْوَانَها التَّالي: «فَرَاشَةُ الغَابَةِ الغَرِيبَةِ».

❀ ❀ ❀

شَعَرَتْ ريم برغبةٍ شديدةٍ لقراءة القصَّةِ.. لكنَّها طويلةٌ وتَحْتَاجُ إلى وَقْتٍ لتُنْهِيَهَا، ومَوْعِدُ نَوْمِها قَدِ اقْتَرَبَ.. قالتْ ريم: سأَقْرَأُ بِضْعَ صَفَحَاتٍ منها ثم أُكْمِلُها غدًا.. ومَنْ يَدْرِي رُبَّما عندنا أنامُ سأَحْلُمُ بالفَرَاشَةِ والزُّهُورِ..

أَمْسَكَتْ ريم غِلافَ الكِتَابِ الضَّخْمِ.. وما كادتْ تَرْفَعُ الغِلافَ قليلاً حَتَّى أَحَسَّتْ بتيَّارٍ هَوَائِيٍّ شديدٍ يَمْتَصُّها إلى دَاخِلِ الكِتَابِ، وقَبْلَ أَنْ تُفَكِّرَ حَتَّى بالمُقَاومة.. اخْتَفَتْ ريم في الكِتَابِ الضَّخْمِ وهَدَأَتِ الغُرْفَةُ تمامًا..

لم تُدْرِكْ ريم ما الَّذي حَدَثَ..

كانت المفاجأةُ كبيرةً جدًّا، فهي لم تكن تَتَوَقَّعُ هذا أبدًا..

فتحتْ ريم عَيْنَيْها على نُورٍ ساطع.. نَظَرَتْ حَوْلَها.. وَجَدَتْ نَفْسَها في بُسْتَانٍ مِنَ الوُرُودِ المُتَنَوِّعَةِ الألوانِ والأشْكَالِ.. لاحَظَتْ أَنَّ هذا البُسْتَانَ هو نَفْسُه البُسْتَانُ على غِلافِ الكتابِ، فيما بَدَتِ الغَابَةُ العجيبةُ الغريبةُ مُلاصِقَةً للبستانِ الوَاسِعِ..

قالت ريم في نَفْسِها: تُرَى أين هي الفَرَاشَةُ؟ يا لَغَرَابَةِ ما يَحْدُثُ! أنا الآن في قَلْبِ الكِتَابِ.. ليتني اسْتَطَعْتُ قِرَاءَةَ القِصَّةِ لأَعْرِفَ ما سيحدثُ..

نَظَرَتْ ريم تَحْتَها.. وَجَدَتْ نَفْسَها مُسْتَلْقِيَةً على شَيءٍ ناعم رَائِحَتُه طَيِّبَةٌ..

تُرَى ما هذا الشيءُ؟!

هل هو فِرَاشٌ عِطْرِيٌّ؟!

أرادتْ ريم القِيَامَ لكنَّها لم تَسْتَطِعْ..

ظَنَّتْ أَنَّها رُبَّما تكون مُقَيَّدَةً.. لكنها تُحِسُّ بِخِفَّةٍ شديدةٍ..

فجأةً.. هَبَّتْ نَسْمَةٌ لطيفةٌ.. وبدأ «السَّريرُ» الذي تَسْتَلْقي عليه يَهْتَزُّ ويَتَرَاقَصُ.. خافتْ ريم.. أرادتْ تَحْرِيكَ يَدَيْها لتُمْسِكَ بالسَّرِيرِ وتَنْهَضَ..

وكانت المفاجأةُ العجيبةُ..

لقد تَحَوَّلَتْ ريم نَفْسُها إلى شَكْلِ تلك الفَرَاشَةِ الجميلةِ المَرْسُومَةِ على غِلافِ الكتابِ.. ولم تَسْتَطِعْ ضَبْطَ نَفْسِهَا مِمَّا أصابها مِنْ رُعْبٍ، فراحَتْ تَبْكي وسَقَطَتْ دُمُوعُها على «السَّرير» الذي لم يَكُنْ سِوَى زَهْرَةٍ بديعةٍ.

حَمَلَتْ ريم «الفراشة» وحَضَنَتْهَا بين أَضْلُعِهَا..

بلَّلَتْ دُمُوعُ ريم الحَارَّةُ رَأْسَ الوَرْدَةِ الحَنُون، فحَرَّكَتِ الوَرْدَةُ أَوْرَاقَها الناعمةَ، ومَسَحَتْ برِفْقٍ دُمُوعَ الفَرَاشَةِ ريم، وقالت بصَوْتٍ جميلٍ طَرُوبٍ يَفُوحُ عِطْرًا:

«تمالَكي نَفسَكِ يا أَجْمَلَ الفراشاتِ.. كُنَّا ننتظرُكِ منذ زَمَنٍ بَعِيدٍ.. ننتظرُ وُصُولَكِ بصَبْرٍ كاد يَنْفَدُ، فقِصَّتُنا تحتاجُ إلى أَحْلامِكِ لكي تَبْدَأَ..».

***

تفاجأت ريمُ الفَرَاشَةُ، وبَدَا لها أنَّ سَيْلَ المُفَاجَآتِ الرَّائعةِ لنْ يَتَوَقَّفَ..

خَافَتْ.. صَاحَتْ:

«أُرِيدُ العَوْدَةَ إلى بَيْتِي.. أُرِيدُ أَنْ أَعُودَ فتاةً صغيرةً كما كُنْتُ.. لا أريدُ أنْ أَكُونَ فراشةً..».

انْحَنَتْ وردةٌ طويلةُ العُنُق كانت تَسْمَعُ الحِوَارَ، واقْتَرَبَتْ مِنْ أُذُنِ الفَرَاشَةِ ريم ثُمَّ هَمَسَتْ بصَوْتٍ ساحرٍ، أَجْمَلَ مِنْ صَوْتِ العَنْدَلِيبِ:

«أَتَدْرِينَ أَيَّتُها الفراشةُ الجميلةُ، أنَّ مَصِيرَ هذه الوُرُودِ كُلِّها، وتلك الغَابَةِ بأَسْرِهَا تَتَوَقَّفُ عليكِ.. فأَنْتِ

جِئْتِ لِتُنْقِذِينَا ممَّا نحن فيه مِنْ جُمُودٍ وخُمُولٍ يُشْبِهُ المَوْتَ، فهذه النَّسْمَةُ اللَّطِيفَةُ التي مَرَّتْ مُنْذُ قَلِيلٍ، وَجَعَلَتْ جَمِيعَ الأَزْهَارِ تتراقصُ طَرَباً، لم تَأْتِ إلَّا فَرَحًا بِكِ، وتَرْحيبًا بقُدُومِكِ.. فنحن منذ مئاتِ السِّنين ننتظرُ مَنْ يأتي إلينا.. ننتظرُ الفراشةَ الَّتي أُخْبِرْنَا عنها، وأنَّها سَتَأْتِي لتُنْقِذَنا مِنْ جُمُودنا وتَحَجُّرِنَا.. ونحن كِدْنَا نَنْسَى الكَلامَ لولا قُدُومُكِ إلينا أَيَّتها الفراشةُ الجميلةُ..».

في هذه اللَّحْظَةِ.. اهْتَزَّتِ الفراشةُ بقُوَّةٍ بعدما صَفَّقَتِ الوردةُ التي تَحْمِلُها بأَوْرَاقِها، لتُعْلِنَ لجَمِيعِ الوُرُودِ إشارةَ الحَيَاةِ، فقد كانت الورودُ والأَشْجَارُ والطبيعةُ كُلُّها غارقةً في نَوْمٍ عَمِيقٍ تَتَرَقَّبُ وُصُولَ الفراشةِ ريم لتُوقِظَها من هذا السُّبَاتِ القَدِيمِ..

وعلى الفَوْرِ ابْتَهَجَتِ الطَّبيعةُ، وزَقْزَقَةُ الطُّيُورِ بَاتَتْ تُسْمَعُ بالأَرْجاءِ، وعادت المِياهُ تَتَدَفَّقُ في الأَنْهَارِ.. والنَّسَائِمُ اللَّطِيفةُ تُداعِبُ الزُّهُورَ وتَحْمِلُ عِطْرَها الجَمِيلَ، وغَنَّتِ البَلابلُ كأنها لم تُغَنِّ مِنْ قَبْلُ..

رأتْ ريم كُلَّ هذه المَشاهِدِ المُبْهِجَةِ وسَمِعَتْ كُلَّ الألْحَانِ الرائعةِ.. فلم تُصدِّقْ أُذُنَيْها، ولم تَقْتَنِعْ بعَيْنَيْها..

❊ ❊ ❊

رفعت ريم الفَرَاشَةُ رَأْسَها.. نَفَضَتْ جَناحَيْها.. كانا جَمِيلَيْن بَدِيعَيْن، تأَمَّلَتْ ريم مَنْظَرَها البَهِيَّ الرائعَ.. لم تُدْرِكْ ما سِرُّ هذه الفَرَاشَةِ التي تَأْتِي فَجْأَةً لتُحَيِّيَ الطَّبِيعَةَ بعد زَمَنٍ مِنَ السُّبَاتِ..

أَدْرَكَ طَائِرُ البَجَعِ العجوزُ ما يَدُورُ في رَأْسِ ريم مِنْ أَفْكَارٍ.. فقال بصَوْتِه الرَّخِيمِ:

«أَيَّتُها الفراشةُ الجميلةُ.. قِصَّتُنا كُلُّها تَدُورُ حول فَرَاشَةٍ، ونحن أشياءُ مُجَمِّلَةٌ للقِصَّةِ.. والكتابُ السِّحْرِيُّ الَّذي دَخَلْتِ إليه، رَسَمَهُ فنانٌ ساحرٌ ولكنَّه مَاتَ قبل أنْ يَرْسُمَ الفَرَاشَةَ البَطَلَةَ، رَسَمَ كُلَّ الصُّوَرِ، ولم يَرْسُمْكِ أنْتِ.. وقد أَخْبَرَنا الحُكَمَاءُ منذ سِنِينَ طَوِيلَةٍ أَنَّ يومًا سيأتي، تَدْخُلُ علينا فيه فراشةٌ جميلةٌ اسْمُها ريم، تُحْيِي قِصَّتَنا وتُعِيدُنا إلى عَالَم الأَحْيَاءِ ليَقْرَأَها أطفالُ العَالَم..».

فَرِحَتْ ريم الفراشةُ لاخْتِيَارِها بَطَلَةً لقِصَّتهم.. فبعد أن كانت لا تَحْلُمُ ولا تَعْرِفُ الأَحْلامَ صارتْ هي

بطلةً أساسيَّةً لقصةٍ جميلةٍ يَحْلُمُ بها أَطْفَالُ العَالَمِ..

❊ ❊ ❊

وَقَفَتْ ريم تتأمَّلُ بُسْتَانَ الزُّهُورِ، وصَارَتْ تَنْتَقِلُ بِبَصَرِهَا من مكانٍ إلى مكانٍ، شَاهَدَتِ الأَزْهَارَ تَرْقُصُ مِنَ الفَرَحِ، والأَشْجَارَ تتمايلُ مِنَ الطَّرَبِ.. والغُصُون تتشابكُ يُهَنِّىءُ بَعْضُها بَعْضاً..

تَطَلَّعَتْ ريم إلى البَجَعَةِ الحَكِيمَةِ وسَأَلَتْها:

«والآن ماذا عَلَيَّ أَنْ أَفْعَلَ..؟».

قالت البَجَعَةُ:

«عِيشِي حَيَاتَكِ بشَكْلٍ طبيعيٍّ.. وكُلُّ أبناء الطَّبيعةِ سيَكُونُون بخِدْمَتِكِ..».

شَعَرَتْ ريمُ الفراشةُ بالجُوع..

دَعَتْها الزُّهُورُ لتَنَاوُلِ وَجْبَةٍ شَهِيَّةٍ مِنْ رَحِيقِها..

وصارت الزهورُ تتنافسُ فيما بينها لَتحْظَى بمُلامَسَةِ الفراشةِ ريم..

❋ ❋ ❋

كانت ريم طَيِّبَةَ القَلْبِ.. صارتْ تَنْتَقِلُ مِنْ زهرةٍ إلى زهرةٍ.. تُداعِبُها.. تُرَاقِصُها.. لكنَّها لم تَتَنَاوَلْ شيئًا من الرَّحِيقِ، وقالتْ: «أنا لستُ فَرَاشَةً حقيقيةً.. كيف آكُلُ رَحِيقَ الأزهار.. هذا شيءٌ غَيْرُ معقولٍ؟!».

تَدخَّلَتِ البَجعَةُ الحَكِيمَةُ:

«أَنْتِ الآن فَرَاشَةٌ.. وطَعَامُكِ طَعَامُ الفَرَاشِ»..

لم تَتَقَبَّلْ ريم هذه الفِكْرَةَ.. صَاحَتْ: «أُرِيدُ حليبًا وخُبْزًا وقِطْعَةَ بِسْكَوِيتْ..».

ضَحِكَتِ الأزْهَارُ.. وقالتْ: «ماذا.. ماذا.. قطعة بسـ... بسـ.. بسـ..».

قالت البجعةُ: «قِطْعَةُ بسكويت.. هذه يُحِبُّها الأَطْفَالُ مِنَ البَشرِ».

قالت وردةٌ كانت تُراقبُ ما يحدثُ:

«لكنَّكِ لم تَعُودي بَشَرًا يا فَرَاشَتي الحَبِيبَة.. هَيَّا تعالي إليَّ.. أنا أُقَدِّمُ رحيقي كُلَّهُ وَلِيمَةً لكِ.. فمنذ أنْ رَسَمَنِي الفَنَّانُ لم أَحْظَ بفراشةٍ تَمْتَصُّ رحيقي.. هَيَّا أرجوكِ.. لأَكُنْ أَوَّلَ مَنْ يَحْظَى بهذا الشَّرَفِ».

رَفَضَتِ الفراشةُ ذلك تمامًا..

حَرَّكَتْ جَنَاحَيْها.. حَمَلَتْها الرِّيحُ بحَنَانٍ حَتَّى وصلتْ إلى الغَابَةِ الغَرِيبَةِ.. وكانت الأشجارُ سعيدةً أيضًا بوُصُولِ الفَرَاشَةِ.. وصَارَتْ تُصَفِّقُ بقُوَّةٍ تَرْحيبًا بها،

ومِنْ شِدَّةِ التَّصْفِيقِ شَعَرَتِ الفراشَةُ بالخَوْفِ فكادتْ تَسْقُطُ على العُشْبِ.. فمَدَّتْ شجرةٌ قريبةٌ منها غُصْنًا لَيِّنًا مِنْ أَغْصَانِها.. والْتَقَطَتْها بأوْرَاقِها الخَضْرَاءِ النَّدِيَّةِ.. وقالت الشجرةُ:

«لا يَلِيقُ بِكِ يا آنِسَتِي الفَرَاشَة أنْ تَقَعي على الأرْضِ.. نحن هُنا كُلُّنَا بِخِدْمَتِكِ.. كم اشْتَقْنا إلى وُصُولِكِ.. كَادَ اليَأْسُ يُصِيبُ عُقُولَنا وقُلُوبَنَا.. نَحْمَدُ اللَّهَ على وُصُولِكِ أَخيرًا بالسَّلامة»..

قالت الفراشةُ: «يا لغَرَابَةِ ما يَحْدُثُ.. كُلُّ شيءٍ هنا يتكلمُ.. لا أُصَدِّقُ.. لا أُصَدِّقُ..».

❋ ❋ ❋

تَحَرَّكَتْ أغصانُ شَجَرَةِ جَوْزٍ ضَخْمَةٍ:

«نَعَمْ يا صغيرتي.. صَدِّقِي، انْظُري إلى عُمْرِي الطَّويلِ وأغْصَاني الَّتي شَابَتْ وأَوْراقي الَّتي اصْفَرَّتْ.. وانْظُري إلى جِذْعِي الضَّخْمِ وجُذُورِي الَّتي صَعدتْ من تحت الأرْضِ.. هل سأَكْذِبُ عليكِ وأنا هكذا.. تعالي إليَّ يا ابْنَتي لأَحْضِنَكِ بين غُصُوني..».

خَافَتِ الفراشةُ أَنْ تتَكَسَّرَ إذا اقْتَرَبَتْ من هذه الشَّجَرةِ الضَّخْمَةِ.. وكان جُوعُها يزدادُ وبَطْنُها تُؤْلِمُها..

صاحتْ: أُريدُ طعامًا.. أنا جائعةٌ..

نادتْ شَجَرَةُ المِشْمِشِ وَشَجَرَةُ التِّينِ وَشَجَرَةُ التُّفَّاحِ: «تعالي.. تعالي.. وتَذَوَّقِي طَعْمِيَ اللَّذِيذَ»..

نَظَرَتِ الفراشةُ نحو ثِمَارِ الأشْجَارِ التي تَتَدَلَّى كَأَرْوَعِ ما يكونُ.. ولمَّا هَمَّتْ بالاقْتِرَابِ منها، اعْتَرَضَ طَرِيقَهَا عُصْفُورُ الكَنَارِي، صائحًا: «لا.. لا تَقْتَرِبي منها.. هذه الأشجارُ سَامَّةٌ، تُرِيدُ قَتْلَكِ والتَّخَلُّصَ مِنْكِ لأَنَّها تُحِبُّ النَّوْمَ، وأنْ تَظَلَّ كُلُّ الطَّبيعةِ نَائِمَةً كيلا تَتَنَاوَلَ الثِّمَارَ الطَّيِّبَةَ.. ابْتَعِدي عنها.. ابْتَعِدي»..

تَعَجَّبَتْ ريم: «ولماذا سَتَقْتُلُني؟! لم أَفْعَلْ لها أيَّ شيءٍ».

قال الكَنَاري: قُلْتُ لكِ إنَّها لا تُحِبُّ النَّشَاطَ، ولا تُحِبُّ الضَّوْءَ ولا النَّهَارَ.. كلُّ الأَشْجَارِ هنا كانت سعيدةً بوُصُولِكِ إلَّا تلك الأشْجَار الثَّلاثة»..

لم تَقْتَنِعْ ريم.. فنادَتْها شجرةُ التِّينِ: تَعَالَيْ يا عزيزتي.. هذا العُصْفُورُ يُرِيدُ الاحْتِفَاظَ بثمارنا الطَّيِّبَةَ لِجِنْسِهِ مِنَ الطُّيُورِ.. تَعَالَيْ.. لا تخافي..

أَصَرَّتْ ريم على الاقْتِرَابِ مِنَ الشَّجرةِ.. فَهَبَّتْ رِيحٌ قويةٌ حَالَتْ بينها وبين الشَّجَرَةِ، وقَالتِ الرِّيحُ:

سأَحْمِلُكِ إلى مكانٍ جَمِيلٍ فيه كثيرٌ مِنَ العَسَلِ الطَّيِّبِ، والثِّمَارِ اليَانِعَةِ، والمِيَاهِ العَذْبَةِ.. فنحن أبناءُ الطَّبيعَةِ نُرِيدُ حِمَايَتَكِ مِنَ الخَطَرِ»..

❋ ❋ ❋

فَجْأَةً.. وقبل أنْ تُفَكِّرَ ريم الفراشةُ بما حَدَثَ.. وَجَدَتْ نَفْسَها في ناحيةٍ أُخْرَى مِنَ الغَابَةِ، قُرْبَ وَاحَةٍ جميلةٍ يُحِيطُها النَّخِيلُ والأشْجَارُ المُثْمِرَةُ، وقُرْبَ الضَّفَّةِ طَاسَةٌ كبيرةٌ مليئةٌ بالعَسَلِ الذَّهبيِّ اللَّامِعِ..

اقْتَرَبَتْ ريم بسرعةٍ.. فهي تَشْعُرُ بالجُوعِ الشَّدِيدِ.. وعندما أَرَادَتْ لَثْمَ العَسَلِ.. خَرَجَتْ سمكةٌ كبيرةٌ من البُحَيْرَةِ وصَاحَتْ بأَعْلَى صَوْتِهَا:

«انْتَبِهي.. انْتَبِهي.. أَفْعَى ضَخْمَةٌ دَخَلَتْ منذ لَحْظَةٍ في طَاسَةِ العَسَلِ»..

تَرَاجَعَتِ الفراشةُ بسرعة قبل لَحْظَةٍ واحدةٍ مِنْ ظُهُورِ رَأْسِ الأفْعَى الشِّرِّيرَةِ، وكادَتْ تَفْتُكُ بها لأَنَّها لا تُحِبُّ حَيَاةَ الطَّبيعة، وتريدُ العَيْشَ بمُفْرَدِهَا كما تشاءُ..

فاهْتَزَّتِ البحيرةُ غاضبةً.. وانْقَضَّتِ الطُّيُورُ تَضْرِبُ بمَنَاقِيرها جَسَدَ الأفْعَى الَّتي لم تَسْتَطِعْ مُوَاجَهَةَ كُلِّ هذه الطُّيُورِ المُتَّحِدَةِ، لكنها بَثَّتْ سَمَّها في العَسَلِ وهَرَبَتْ وغَاصَتْ في جُحْرِهَا..

وأسرعتِ الطُّيُور وأسَالَتِ العَسَلَ على الأرْض كيلا يَأْكُلَ أحدٌ منه ويُصِيبَهُ السَّمُّ.

❊ ❊ ❊

ولكن ريم ما زالتْ تَشْعُرُ بالجُوعِ الشديدِ..
وظَنَّتْ أنّها سوف تَمُوتُ..

الْتَفَتَتْ ريم فشاهدتْ شجرةَ جَوْزِ الهِنْدِ.. ورَأَتِ الشَّجَرَةَ تنظرُ إليها بلُطْفٍ شديدٍ.. وتُحَرِّكُ أَغْصَانَها تَدْعُوها لتَنَاوُلِ وَجْبَةٍ شَهِيَّةٍ وتَرْتَوِي مِنْ مَاءِ جَوْزِهَا الحُلْوِ المَذَاقِ..

صَمَّمَتْ ريم على الوُصُولِ إلى الشَّجَرةِ مهما كانت الصِّعَابُ..

صَارَتِ الطُّيُورُ تناديها بأَعْلَى الصَّوْتِ..
صَارَتِ الأشجارُ تَهتَزُّ بقُوَّةٍ..
الرِّيحُ لم تَسْتَطِعْ مَنْعَ ريم الفَرَاشَةِ مِنَ الوُصُولِ..
المياهُ في الوَاحَةِ صارت تَهْتَزُّ بقوّةٍ..
زُهُورُ البُسْتَانِ صارتْ تَصِيحُ وتَبْكي..

تَوَقَّفِي.. ابْتَعِدِي.. لا تَقْتَرِبِي مِنْ شَجَرَةِ جَوْزِ الهِنْدِ..

لم تَعْبَأْ ريم الفراشةُ بكُلِّ ذلك..

كانت جَائِعَةً جَائِعَةً..

قالتْ: «سآكُلُ مِنْ جَوْزِ الهِنْدِ مهما حَدَثَ.. ولو كانت الشَّجَرَةُ مَسْمُومَةً.. فمن الأفضل أنْ أَمُوتَ بالسّمِّ في الطَّعَامِ مِنْ أَنْ أموتَ مِنَ الجُوعِ»..

وصلتْ ريم الفراشةُ إلى الشَّجَرَةِ.. ضَحِكَتِ الشجرةُ ضِحْكَةً مُنْكَرَةً، وقَدَّمَتْ إلى ريم أكْبَرَ جَوْزَةٍ لديها.. وما أن اقْتَرَبَتْ ريم مِنَ الجَوْزَة لتَأْكُلَ وتَشْرَبَ.. حَتَّى أَحَسَّتْ بثُقْبٍ صغيرٍ يَجْذِبُها بقُوَّةٍ إلى دَاخِلِ الجَوْزَةِ.. لم تَسْتَطِعْ ريم الفراشةُ مُقَاوَمَةَ هذه القُوَّةِ.. وفجأةً وَجَدَتْ نَفْسَها تَسْقُطُ مِنَ ارتفاعٍ كبيرٍ.. وراحت

تسقطُ وتسقطُ وتسقطُ.. دون أنْ تَتَمَكَّنَ مِنَ اسْتِخْدَامِ جَنَاحَيْها.. ثم وَقَعَتْ في أَرْضٍ طَرِيَّةٍ.. وسَقَطَتْ في نَوْمٍ عَمِيقٍ..

سَمِعَتْ ريم أصواتًا حَوْلَها..

لم تَجْرُؤْ على فَتْح عَيْنَيْهَا..

شَعَرَتْ بيَدٍ لَطِيفَةٍ تُرَبِّتُ عليها:

«ريم.. ريم.. اسْتَيْقِظي يا ريم.. حَانَ مَوْعِدُ ذَهَابِكِ إلى المَدْرَسَةِ»..

فَتَحَتْ ريم عَيْنَيْها ولم تُصَدِّقْ أنَّها لا تَزَالُ على قَيْدِ الحَيَاةِ وأَنَّها عادتْ كما كانَتْ..

قالت الأُمُّ: أهكذا تَنَامِينَ على البِسَاطِ بين تِلالِ القِصَصِ والكُتُبِ؟! هَيَّا لم يَعُدْ لدينا وَقْتٌ كثيرٌ..

قَامَتْ ريم.. نظرتْ إلى الكِتَابِ الضَّخْمِ.. وَجَدَتْهُ لا يزالُ في مكانه.. وقد اخْتَفَتِ الفَرَاشَةُ مِنْ غِلافِ الكِتَابِ.. وكانت الأشجارُ والأزهارُ تَتَطَلَّعُ إليها بحُزْنٍ..

قالتْ ريم لأُمِّها: أنا جائعةٌ.. جائعةٌ..

ضَحِكَتِ الأُمُّ: يا تُرَى بماذا كُنْتِ تَحْلُمِينَ في اللَّيْلَةِ الماضيةِ؟

نَظَرَتْ ريم إلى يَدَيْها.. قَالَتْ:

«أحْلُمُ؟ لم أَكُنْ أَحْلُمُ»..

لكن ريم لم تُخْبِرْ أُمَّها عَنِ الكِتَابِ، وقِصَّةِ فَرَاشَةِ الغَابَةِ الغَريبَةِ.. لأنها بالتَّأْكِيد لَنْ تُصَدِّقَها وستَتَّهِمُها بأنها صارتْ تَتَخَيَّلُ أشياءَ لا وُجُودَ لها..

وظَلَّتْ ريم تَحْلُمُ وتَحْلُمُ وتَحْلُمُ.. دون أنْ تَقْتَرِبَ مِنَ الكِتَابِ.. فقد أَغْلَقَتْهُ بإحْكَامٍ ووَضَعَتْهُ في صُنْدُوقٍ حديديٍّ ودَفَنَتْهُ في أعْمَاقِ حَدِيقَةِ المَنْزِلِ.

أسـئـلـة:

1 – لماذا ذَهَبَتْ ريم مَعَ أُمِّها إلى طَبيب مَشْهورٍ بِأنَّهُ " صانِعَ أحْلامٍ"

2 – لماذا اسْتَغْرَبَ " صانِعُ الأحْلامِ" وقال لِريم إنَّ مُشْكِلَتَها تَبْدو غَريبَةٌ؟

3 – ماذا اكتَشَفَ " صانِعُ الأحْلامِ " في النِّهايَةِ؟ وكيْفَ استَطاعَ حَلَّ مُشْكِلَةَ ريم؟

4 – ما سِرُّ تَحَوُّل ريم إلى فَراشَة؟ وماذا قالَ لها البَجَعُ العَجوز؟

5 – لماذا أصَرَّتْ ريم على الأكْلِ منَ شَجَرَةِ جوْز الهند؟

6 – ما هِيَ العِبَرُ الَّتي يُمْكِنُ أن نَسْتَخلِصَها من حِكايَة ريم و" صانِعُ الأحْلام" ؟

7 – ما هُوَ الشَّيْءُ الّذي كانَ يَنْقصُ ريم ويُسبِّبُ لَها إزعاجاً في حَياتِها؟